Pierre Musaada Buhendwa Nyamuhara

La Sueur de Macron

Pierre Musaada Buhendwa Nyamuhara

La Sueur de Macron

Éditions Muse

Imprint

Cover image: www.ingimage.com

Publisher:
Éditions Muse
is a trademark of
International Book Market Service Ltd., member of OmniScriptum Publishing Group
17 Meldrum Street, Beau Bassin 71504, Mauritius

Printed at: see last page
ISBN: 978-620-2-29430-0

INTRODUCTION

Un président-monarque recherchant les avantages politiques et la possibilité de manipuler la relation entre l'appareil d'Etat et la paysannerie à des fins de profit individuel ou collectif, Cela ne veut pas dire que les classes sont absentes. J'ai consacré ce livre à une analyse de la formation des stratégies et aux relations entre classes et ethnicité aux époques de la civilisation moderne, qui affiche la révolution comme une priorité, les humains espèrent le changement, modifier les choses pour faire naitre les capacités de la modification, faire naitre les nouvelles structures modifiées, la modification des structures apportant une renaissance sociale, des décisions de changement, ce qui permet la modification de la vie politique pour un changement.

Mais le processus de formation des classes est lent et spasmodique. Eventuellement, la classe sociale peut remplacer l'ethnicité et la faction comme mode principal de mobilisation politique : cela signifiera le remplacement du néo-patrimonialisme par une politique beaucoup plus orientée idéologiquement. Les conditions sociales changeaient, ainsi que les processus politiques qui leur sont liés.

Il se rêve une aspiration de l'accroissement, du progressisme, de la modification de la pensée, mais un grand frein s'affiche, une génération des idéologistes qui voient tout perdre, ils craignent la disparition, ils résistent à la modification des rapports des forces. Loin de gain matériel, l'honneur, ils font plus de soucis sur les postures, l'image, la mobilité des forces s'impose, la question qui se pose est de savoir jusqu'où ira la résistance de ceux dont la population veut remplacer, malgré que dominée en stratégie, affiche un souci, un vœu de tout changer, une volonté de reconstruire. Certes les résistances vont se faire, mais le peuple gagnent toujours sur les dictatures des répressions, le peuple gagnera sur la répression philosophique.

La globalité des révolutions au bloc nord qu'au bloc sud est un signal fort pour une rupture de la confiance entre la pensée traditionnelle de la gouvernance et la pensée actuelle du peuple qui explique la nouvelle pensée dont présente le peuple en termes de revendication. Il s'agit d'un nouveau contrat social qui bat en brèche la philosophie libérale et la philosophie socialiste, ce contrat est loin de l'imagination socio-libérale.

Chapitre premier : LA SUEUR DE SON ORIENTATION

Alors qu'il cherchait à prendre son passage, à l'opposé de sa famille qui était aussi dans la médecine, il prend la route vers les études économiques, il prit la décision de faire son chemin loin des valeurs que sa famille représentait pour toujours. Une route avec les goulots d'étranglements, elle est rare pour les leaders gagnants, ce qui fait que l'écume est un devoir pour une vision conçue. Ainsi, il se vit dans un carrefour, il ne savait s'il fallait prendre la route vers le courant socialiste ou prendre la route vers le courant républicain. A ce carrefour, il doutait de sa vision, il trouvait que prendre cette route ou celle-là peut conduire à des risques, soit de manquer le parrain pouvant l'adouber pour devenir chevalier et siéger pour le couronnement, mais il fallait qu'il prenne cette décision de sortir la doctrine de sa maison pour faire assoir sa vision.

Alors qu'il allait vers les écoles d'idéologie, il ne trouve pas aisé de prendre l'adhésion dans une formation politique classique, à la fin des années 1990, pendant près de deux ans, il milite au Mouvement des citoyens (MDC) de Jean-Pierre Chevènement , sans pour autant que son adhésion à ce parti ne soit établie. Alors à Sciences Po, il effectue un stage au cabinet de Georges Sarre, maire du 11e arrondissement de Paris et proche de Chevènement. Il tirant les expériences mais il reste loin de la connaissance publique, ce qui lui laisse dans l'ombre pour ses actions politiques. Alors qu'il avait des idées ambigües, il se trouvait toujours proche de l'idéologie gauche Française, ce qui explique même son commentaire pour l'élection de 2002. Il ne savait pas faire son adhésion car sa vision navigue dans le mal ; il ne savait pas la route rendant plus performant sa vision et lui permettant d'atteindre son objectif.

Il vote pour ce dernier au premier tour de l'élection présidentielle de 2002. Il explique : « Autant la deuxième gauche m'a inspiré sur le social, autant je considère que son rapport à l'État reste très complexé. Je me suis toujours interrogé sur le rôle de l'État, et c'est pour cette raison que je me tourne, plus jeune, vers Jean-Pierre Chevènement ». il n'a pas compris l' Etat avec le socialiste, mais il revient avec une compréhension de l'importance de se trouver un guide pouvant conduire à la manière dont lui comprenait l'Etat.

À la suite du 21 avril 2002, il considère que l'échec de Lionel Jospin et du Parti socialiste (PS) s'explique notamment par l'incapacité de la gauche à tenir un discours de fermeté sur les questions de sécurité. Il commença à juger l'Etat, ce qui se fait par un discours qu'il tient après les élections de 2002, ce qui traduit son attachement envers le parti Socialiste, alors qu'il avait un choix, il reste ambiguë pour sa détermination pour un commandant en chef, il a un discours critique mais il ne savait quelle route prendre pour son peuple même s'il devint commandant en chef. Il reste aussi ambiguë dans la décision de prendre sa décision et son orientation pouvant permettre le gain de son jugement.

Il est membre du PS, à jour de cotisation, de 2006 à 2009. Il collabore également avec la fondation Jean-Jaurès à partir de 2006. Par l'intermédiaire de Jean-Pierre Jouyet, il rencontre en 2006 François Hollande, auprès duquel il s'engage à partir de 2010. Il adhérent dans le parti socialiste pour amener sa vision, mais de son adhésion, il reste aussi loin de la conviction de l'idéologie du Parti Socialiste, il camoufle sa vision, il trouve que la grande partie de ses amis se trouvaient dans ce groupe pour aboutir à son objectif d'accéder au pouvoir. Il voyait déjà de la fragmentation de l'idéologie Socialiste afin de pouvoir faire naitre son idéologie afin de prendre une part des amateurs socialistes qui sont à l'ambiguïté. Il sua pour se faire une place, ce qui conduit donc à une guerre qu'il supporté pour son idéologie, il accepte de se camoufler dans le courant socialiste, alors qu'il peinait pour faire l'éruption de sa conception politique.

Lors de l'élection présidentielle de 2007, il fait partie du groupe les Gracques, composé d'anciens patrons et de hauts fonctionnaires, qui appelle à une alliance entre Ségolène Royal et François Bayrou. D'après Anne Fulda, « il dit [en 2016] ne pas se souvenir pour qui il a voté au premier tour mais a déposé un bulletin Ségolène Royal dans l'urne au second ». Emmanuel Macron de sa stratégie de promotion, alors il séduit le groupe socialiste en précisant qu'il aurait voté pour le camp socialiste.

En vue des élections législatives de 2007, il essaie d'obtenir du PS une investiture en Picardie. Mais les adhérents socialistes de Picardie s'opposent à sa candidature. Les électeurs Picardie étaient le premier à voir la magie de camouflage d'Emmanuel Macron, alors qu'il cachait son idéologie libérale dans les dispersions socialistes. Cet échec, associé à la victoire de Nicolas Sarkozy à l'élection présidentielle de 2007, l'encourage à donner un nouveau tournant à sa carrière. Alors qu'il est soutenu par une grande partie des commerçants du Touquet-Paris-Plage, il renonce à se présenter aux élections municipales de 2008. Il prit alors un tournant décisif qui lui permet donc de devenir aussi au profit de l'élection de François Hollande qu'il trouve aussi une couverture de pouvoir faire son ascension.

Il indique avoir « décliné une offre au cabinet Woerth en 2007 » car « cela n'était pas conforme à ses opinions ». En 2010, il décline la proposition, portée par Antoine Gosset-Grainville et validée par le palais de l'Élysée, de devenir le directeur de cabinet adjoint du Premier ministre, François Fillon. Alors qu'il était protecteur du Patronat Français, alors les questions de former une force politique aussi groupant les commerçants et les hauts fonctionnaires dont la protection des idées des entreprises, la promotion de la bourgeoisie serait les fondements de cette alliance.

Il soutient François Hollande lors de la primaire présidentielle socialiste de 2011 et ce avant l'affaire du Sofitel, alors que Dominique Strauss-Kahn était en tête des sondages. De juillet à décembre 2011, il anime un cénacle d'experts et d'économistes, le « groupe de la Rotonde », composé des économistes Philippe Aghion, Gilbert Cette et Élie Cohen, qui fait un rapport tous les 15 jours au candidat. Ce groupe prône « un véritable choc de compétitivité », idée que Michel Sapin, chargé du projet présidentiel, il chercha son chemin toute sa stratégie, ce qui conduit à son alliance avec François Hollande lors des élections de 2011, alors que la chance de François Hollande était moindre. Il proposa la promotion de la compétitivité, voir la liberté d'initiative, l'utilité sociale disparait avec cette proposition, ce qui pourrait montrer son attachement au libéralisme que le socialisme.

Le 20 octobre 2007, au Touquet, où il réside, Emmanuel Macron épouse Brigitte Trogneux , alors que Sa famille s'opposait, il reste ambiguë sur la décision d'épouser, mais il prit une distance avec sa faille pour prendre son épouse, ce qui conduit à une relation morose avec sa famille après qu'il ait épousé. Avec pour témoins le professeur d'économie Marc Ferracci et l'homme d'affaires Henry Hermand. Il cherche à faire sa connaissance avec les alliances, il fonde ses alliances dans les hommes forts de l'économie et la science. Brigitte Trogneux est une professeur de lettres classiques de vingt-quatre ans son aînée, qui a eu trois enfants d'une union précédente avec André-Louis Auzière (dont elle est séparée depuis 1994 et divorcée depuis 2006). Emmanuel Macron l'a rencontrée en 1993, au cours d'un atelier de théâtre qu'elle animait dans son lycée, alors qu'il était âgé de quinze ans et en classe de seconde. Pour cette alliance qui vient souder non seulement le monde scientifique mais aussi une attirance pour que sa sueur soit connue par tout le monde. Il pratique le piano, qu'il a étudié pendant dix ans au conservatoire d'Amiens, dont il a obtenu un troisième prix, le ski et le tennis. Il a pratiqué la boxe française et le football (il apprécie l'Olympique de Marseille) et suit fidèlement le Tour de France cycliste. Nourri des ambitions, il trouve qu'avec le mariage qu'il fait avec Brigitte, il doit pouvoir gripper vite avec les relations que Brigitte dispose, il donne un avantage de pouvoir atteindre son objectif et assurer son ascension.

Ce qui montre sa différence dans son amour, alors qu'il avait déjà une considération, il épousa une femme aussi de science et de considération. On trouve les gouts et autres auxiliaires culturels dans ces lignes, il apprécie beaucoup le film Les Tontons flingueurs ainsi que les écrivains André Gide dont l'ouvrage Les Nourritures terrestres est présent dans son portrait officiel, Stendhal, Albert Camus, Arthur Rimbaud, René Char. Ses chanteurs préférés sont Léo Ferré, Johnny Hallyday et Charles Aznavour. Selon le sociologue Philippe Coulangeon, il y a chez Emmanuel Macron un « hyper-conformisme mâtiné d'un peu de transgression et d'une certaine bienveillance à l'égard de la culture de masse ». Il a une vision, il soignait toujours sa personnalité, il avait une route qu'il concevait dans son esprit. Alors qu'il sue pour afficher réellement ses préférences, il développe les hypocrisies, les camouflages politiques. De ces attachements culturels, sa considération ne pas porter sur les talents nouveaux, mais il prend la route vers les célébrités et fait plus des orientations vers les vedettes.

En 2004, à l'issue de ses études à l'ENA, il intègre le corps de l'Inspection générale des finances (IGF). Emmanuel Macron devient l'un des protégés de Jean-Pierre Jouyet qui dirige alors l'IGF. Il participe notamment à des missions sur la « valorisation de la recherche », la « fraude aux prélèvements obligatoires et son contrôle » et « la répartition des prélèvements obligatoires entre générations et la question de l'équité intergénérationnelle ». Alors qu'il est inspecteur des finances, Macron enseigne l'été à la « prep'ENA » du groupe privé IPESUP. Il tisse les relations avec les riches, il prend de conventions avec les riches, plus il devient le délegué des riches sur les décisions de l'Etat.

Laurence Parisot lui propose en 2006 le poste de directeur général du Mouvement des entreprises de France (MEDEF), qu'elle préside, mais Emmanuel Macron décline l'offre, tout en restant en étroit contact avec celle-ci. Il comprenait que s'il faisait découvrir aux Français son attachement à la promotion des entreprises, les idées libérales, les Français jeunes de la classe moyenne et les autres pauvres à cause du chômage, il perdrait une partie des électeurs qui pourrait être embarqués dans l'ambiguïté de ses idées de Gouvernance, il avait avance sur tout le monde, ce qui conduit qu'il décline l'offre de la présidence de MEDEF. Il avait une vision de vouloir faire son intégration dans un maillon faible qu'il observera dans les classes politiques afin de faire sa sympathie pour qu'il trouve sa route pour étalée sa politique et sa vision globale, il prit donc la décision de s'éloigner de tout ce qui pouvait freiner sa vision malgré le gain qu'il eut dans la proposition observable à l'idée.

En août 2007, il est nommé rapporteur adjoint de la Commission pour la libération de la croissance Française (« Commission Attali »). En mars 2010, il est nommé par décret membre de cette commission. Il y rencontre notamment Peter Brabeck, alors PDG de Nestlé, contact qui lui a permis chez Rothschild & C de conseiller le rachat par Nestlé de la filiale de lait infantile de Pfizer en 2012.

Il démissionne de l'Inspection des finances en 2016. En tant qu'énar cvbghque, il devait dix ans de services à l'État, n'en ayant effectué que six (ses deux ans comme ministre n'étant pas comptés), il doit s'acquitter de la somme de 54 000 euros. Emmanuel Macron est co-rapporteur de la commission sur les professions du droit en 2008.

En septembre 2008, il se met en disponibilité de la fonction publique et devient banquier d'affaires chez Rothschild & Cie. Recruté par François Henrot sur recommandation de Jacques Attali, Serge Weinberg et Xavier Fontanet, il indique que l'échec de son militantisme local dans le Pas-de-Calais, où il n'a pu obtenir une investiture socialiste, et l'élection de Nicolas Sarkozy à la présidence de la République, l'ont poussé vers cette activité. À cette époque, il a déjà pour ambition de devenir président de la République, mais, en s'engageant dans le privé, il suit les conseils d'Alain Minc, qui estime qu'il est préférable d'être fortuné pour faire de la politique. L'un de ses premiers dossiers est le rachat de Cofidis, spécialiste du crédit à la consommation, par le Crédit mutuel. Il faut donc une capacité économique qui permet de faire tes programmes pour afin assurer ta vision et ta politique pour assurer ta vision et séduire la capacité qui peut permettre que tu ais les moyens d'atteindre ta vision.

De cette promotion d'hommes d'affaire, il devint un fils qui porte les intérêts de riches, il tire sa promotion dans la fortune, il ne trouve que son lit politique doit d'abord servir les riches, ce qui fait que sa politique ne tourne que vers les riches, sacrifiant la majorité de ces électeurs qui ne se trouvaient pas dans la classe des fortunés, conduisant à la naissance des gilets jaunes.

En 2016, il fonde son propre mouvement politique, baptisé En marche, et démissionne du gouvernement. Il adopte un positionnement hostile au clivage gauche-droite et se présente à l'élection présidentielle de 2017. Il l'emporte au second tour face à la candidate du Front national, Marine Le Pen, avec 66,1 % des suffrages exprimés. Sous soutien des hommes d'affaires de sa fabrication, ce qui conduit donc à sa promotion qui ont su mobilisé, déstabilisant le candidat républicain avec des preuves que l'opinion gardait dans le frigo. Ces preuves voulaient montrer les sacrifices que les faibles font alors que les plus riches ne peuvent jamais atteindre, ce qui conduit donc à une obligation étatique aux plus pauvres alors que les riches ne payent pas ces sacrifices.

À 39 ans, il devient le plus jeune président français et le plus jeune dirigeant d'alors du G20. À la suite de son élection, son parti remporte les élections législatives de 2017. Le début de son mandat est marqué par une réforme du code du travail, une loi de réforme de la SNCF, l'affaire Benalla, le mouvement des Gilets jaunes et le grand débat national. Alors que son âge constituait une assurance aux autres groupes qui trouvaient qu'avec lui, étant de leurs groupes d'âges, il prendra en compte les difficultés qu'ils traversent pour les questions de chômage, le rôle de l'Etat, la capacité d'intégrer tout le monde dans le profit de l'Etat et réduire les exclus.

Il intègre l'Institut d'études politiques de Paris en 1998. D'abord étudiant au sein de la section « Internationale », il se réoriente en troisième année au sein de la section « Service public ». Il sort diplômé de Sciences Po en 2001. Il suit en parallèle un cursus en philosophie à l'université Paris-Nanterre et y obtient successivement une maîtrise en 2000 et un DEA en 2001, ses mémoires d'études sont dédiés à des penseurs politiques: Machiavel et Hegel.

De 1999 à 2001, il est assistant éditorial pour le livre La Mémoire, l'histoire, l'oubli du philosophe Paul Ricœur, qui recherchait un archiviste. Il devient membre du comité de rédaction de la revue Esprit. Certains observateurs [évasif] mettront en avant l'influence de Paul Ricœur dans les modes de raisonnement d'Emmanuel Macron.

Emmanuel Macron n'a pas effectué son service militaire grâce au report de sa date d'incorporation au motif de la poursuite d'études supérieures. Né en décembre 1977, il appartenait aux dernières classes d'âge encore soumises à l'obligation de la conscription. Celle-ci a en effet été suspendue en 1996 pour « tous les Français nés après le 31 décembre 1978 ». Les derniers appelés (environ 4 380) ont quitté leur caserne en novembre 2001.

Il poursuit ses études à l'ENA à Strasbourg dans la promotion Léopold Sédar Senghor (2002-2004) de laquelle il sort classé 5e37. Mais comme l'un des sujets de l'examen final avait déjà été abordé par certains élèves, le Conseil d'État annule le classement final de cette promotion, un recours ayant été déposé par 75 élèves, dont Emmanuel Macron. Pour la première fois depuis la création de l'ENA, une promotion sort donc sans classement final, mais cette décision n'aura d'influence ni sur l'affectation d'Emmanuel Macron à l'Inspection des finances ni sur les autres élèves de la promotion. Il fait partie des étudiants militant pour le choix de Senghor comme nom de promotion. Il effectue un stage de l'ENA de six mois en ambassade à Abuja au Nigeria , puis un autre à la préfecture de l'Oise.

En 2007, il bénéficie du German Marshall Fund, qui lui permet de découvrir les États-Unis, pays où il effectuera par la suite un stage pour la banque Rothschild.

Des éléments de sa biographie publiés dans les médias ont fait l'objet d'incertitudes et de contradictions. Ainsi, Emmanuel Macron semble avoir entretenu pendant un certain temps l'ambiguïté sur son prétendu passage par l'École normale supérieure. Par ailleurs, il indique avoir réalisé un mémoire sur l'intérêt général, en rapport avec la philosophie du droit de Hegel, sous la direction d'Étienne Balibar, mais ce dernier déclare ne pas avoir de souvenir ni de trace de cet épisode , précisant : « Peut-être s'agit-il d'une censure inconsciente, je ne sais pas. » Selon l'historien François Dosse, « dans la mesure où Balibar ne semble pas véritablement atteint par quelque pathologie mémorielle, un tel déni du réel relève bien chez lui d'une démarche volontaire de ne pas se retrouver lié au nom d'Emmanuel Macron.

Il fait preuve d'une ironie qu'il affiche, alors que sa réalité reste une preuve de la stratégie cachée qu'il affiche à l'humanité, il cache vraiment sa réalité, de sorte que la connaissance de son être fait vraiment un opaque jugement pour même le cercle proche à lui, qui peut connaitre le demain d'Emmanuel Macron, alors que même les amis à lui, ses promoteurs ne savent pas la réalité projection d'Emmanuel Macron, ce qui réduit donc son efficacité réelle de sa confiance.

Chapitre Deuxième : LA SUEUR DE POSITIONNEMENT

Alors qu'il était loin d'être socialiste, Emmanuel Macron se rangea derrière François Hollande malgré la vision que lui possédait par rapport à la France, il voulait apparaitre, il voulait faire connaitre son image afin de quitter le socialisme et faire naitre sa vision mais il fallait donc utiliser le socialisme comme pont afin de faire prévaloir sa vision et sa capacité opératoire pour une politique Bourgeoise.

François Hollande remporte l'élection présidentielle. Le 15 mai 2012, après avoir réintégré la fonction publique, Emmanuel Macron devient secrétaire général adjoint de l'Élysée, en tandem avec Nicolas Revel. Il seconde le nouveau secrétaire général, Pierre-René Lemas. Nicolas Prissette indique : « Dès les premières semaines du quinquennat, le secrétaire général adjoint de 34 ans retient l'attention du microcosme : jeune, sémillant, atypique, pas très à gauche. Les journaux lui consacrent des articles. On s'intéresse davantage à ce personnage qu'au secrétaire général Pierre-René Lemas, qui occupe pourtant le poste clé parmi tous les autres, au cœur du pouvoir ». Il reçoit la publicité des hommes d'affaires dans les médias sous l'ombrage d'un socialiste, alors qu'en réalité Emmanuel vulgarisait la compétitivité libérale. Il reçoit plus de charme que le titulaire, ce qui permet que sa personnalité monte extrêmement.

Dès l'été 2012, « l'ancienne cellule économique de l'Élysée, dont Macron est désormais le plus haut gradé, concocte un plan choc : le passage temporaire aux 37 heures, jusqu'à la fin 2014, avec un bilan prévu pour voir si les Français peuvent repasser aux 35 heures, et la concentration des hausses d'impôts sur les plus hauts revenus. Le secrétaire général adjoint plaide dans le même temps pour un maintien de la défiscalisation des heures supplémentaires ». Ces propositions sont déclinées par François Hollande. Il bénéficie des études de loi qui pouvant ainsi hausser sa personnalité pour devenir à sa planification, les hauts fonctionnaires lui fournissaient les informations, les hommes d'affaires lui servaient les moyens et l'ombrage pour définir grandement sa stratégie.

Emmanuel Macron est notamment l'un des artisans, voire à l'origine du crédit d'impôt pour la compétitivité et l'emploi et du pacte de responsabilité et de solidarité. Concernant ce dernier, il s'oppose à Nicolas Revel, chargé des questions sociales et « dont la fibre socialiste est plus affirmée », sur l'opportunité d'inscrire le projet dans le collectif budgétaire voté avant l'été 2014. Il commence alors à montrer son opposition aux idées socialistes, ce qui traduit donc alors son attachement à la promotion de la liberté, son camouflage pour séduire les socialistes, fait qu'il pousse avec les idées libérales, traduisant donc l'ambiguïté qui traduisait sa vision politique, il ne se cachait dans le dos de François Hollande, ce qui a fait qu'il traduit sa stratégie de freiner le plan Hollande afin que Hollande échoue, pour que ses idées triomphent pour une restructuration du parti socialiste, ce qui poussant sa stratégie de diviser les leaders socialistes avec l'idéologie de gouvernance afin qu'il s'écarte de tous les concurrents qui pouvaient lui permettre à faire assoir sa vision dans la grande masse des socialistes qui ne trouvaient pas satisfaction de la gouvernance des socialistes.

La presse fait également état de dissensions avec Philippe Léglise-Costa, conseiller de François Hollande chargé des questions européennes, ce que ce dernier dément régulièrement ; la revue Contexte indique notamment qu'en 2013, il perd un conflit avec celui-ci alors qu'il plaide « pour une stratégie coup-de-poing face à la Commission européenne, qui réclame à cor et à cri le respect des 3 % ». Il voulait aussi faire la promotion de la liberté budgétaire, ce qui explique la notion de vouloir faire que la France ait une liberté sur le déficit budgétaire au-delà de la limite fixée par les institutions de l'union Européenne. Il est ainsi, le président des riches, car l'augmentation de la dépense publique conduit à l'augmentation de la consommation, par conséquent un avantage pour les entreprises.

Il contribue par ailleurs au choix de l'Élysée de ne pas légiférer sur les salaires des patrons et de privilégier un code de bonne conduite. Il confie avoir songé à quitter son poste à l'automne 2013, estimant que la réforme des retraites présentée par l'exécutif n'était « pas à la hauteur ». Il apparaît dans la liste des invités à la réunion du groupe Bilderberg de

2014 en sa qualité de secrétaire général adjoint de la présidence de la République. Il prend la décision de hausser le prix de sa loi reforme en informant son intention de quitter le gouvernement pour ainsi occuper la place car à cause de sa contribution si on lui laissait partir, il devint avec une opinion, son maintien lui donne plus de pouvoir pour ainsi faire prévaloir sa stratégie. Il camoufle donc sa vraie version de sa vision, il fait donc cachée sa stratégie pour tromper tout l'ensemble de son entourage, il coiffe son hypocrisie qu'il a une admiration aux socialistes, alors qu'il a une vision qui n'est pas socialiste.

Une candidature lui est proposée dans sa ville natale d'Amiens lors des élections municipales de 2014, mais il refuse l'offre. Alors que Manuel Valls propose à François Hollande, à l'issue de ces élections, de lui confier le ministère du Budget dans son premier gouvernement , le président de la République écarte cette idée en raison de son absence de mandat électoral. Alors que les doutes du président Hollande faisaient déjà sortir que Macron ne chercha pas un mandat socialiste ne peut pas prendre une responsabilité socialiste, mais Macron se fait nommer et donne alors sa responsabilité pour atteindre son objectif.

Le 10 juin 2014, l'Élysée annonce qu'il quitte le cabinet de François Hollande et que Laurence Boone reprend les dossiers économiques et financiers. Son titre et rang protocolaire de secrétaire général adjoint de l'Élysée n'est en revanche pas conféré à celle-ci, qui ne reprend que le titre de chef du pôle économie et finance.

Les observateurs expliquent son départ par ses déceptions de ne pas entrer dans le premier gouvernement de Manuel Valls et de ne pas obtenir gain de cause sur l'approfondissement des réformes engagées par le gouvernement, ou encore par l'arrivée comme secrétaire général de Jean-Pierre Jouyet, « beaucoup plus au fait des questions économiques et financières, mais aussi des questions européennes, que ne l'était son prédécesseur Pierre-René Lemas ».

Alors qu'il espérait récupérer le poste de secrétaire général, il est également déçu de la décision de François Hollande de nommer ce dernier à la tête de la Caisse des dépôts et consignations. Il fait pression pour arriver, il mouille sa chemise pour se faire la place, il propose par les lois, il propose des reformes, il fait des alliances pour atteindre son ascension, il parut le stratège de la période de la génération actuelle des politiciens, mais il camoufle sa vraie vision, sa ligne politique reste ambiguë, ce qui fait qu'il peut prendre n'importe quel opinion, socialiste, libéral, mais aussi nationaliste, mais en réalité, il n'a pas une école politique, il ne se définit pas pour une école politique de son identité.

Jouyet indique qu'Emmanuel Macron quitte le cabinet de la présidence « pour mener des projets personnels dans les domaines de l'enseignement et de la recherche ». Il cherche, selon les sources, soit à créer une société de conseil financier , soit « une sorte de TOEFL multidisciplinaire pour évaluer les élèves », soit « un fonds d'investissement pour financer des projets innovants, notamment dans le domaine de l'éducation », soit « aller dans la Silicon Valley monter une boîte d'enseignement sur internet ».

Il obtient un poste universitaire à l'université de Berlin au début de l'été 2014 et, avec l'aide d'Alain Minc, le titre de Senior Research fellow (en) en économie politique à la London School of Economics pour y devenir maître de conférences en policy-mix européen ; il se rend une fois par semaine à Londres et Berlin donner des cours; il cherche également, par l'intermédiaire de Philippe Aghion, à obtenir un poste à l'université Harvard.

Après avoir visité des start-ups en Californie avec Xavier Niel, il s'installe quelques semaines dans les locaux de BDGS, le cabinet d'Antoine Gosset-Grainville, dont il est proche et qui affirmera plus tard : « À l'époque, il essayait de monter une start-up dans le conseil stratégique. Il nous a demandé de l'accompagner sur les aspects juridiques ». Ainsi, il prit la découverte de l'opinion de l'Europe, il prend le temps de faire faire contact avec la jeunesse, ce qui traduit donc la capacité de prévaloir son opinion sur l'Europe malgré qu'ambiguë.

Le 26 août 2014, il est nommé ministre de l'Économie, de l'Industrie et du Numérique dans le gouvernement Valls II en remplacement d'Arnaud Montebourg, dont il conserve la moitié du cabinet. Plusieurs personnalités ont été envisagées avant lui : Bertrand Delanoë, Louis Gallois, Gérard Collomb ou encore Pascal Lamy ; il est suggéré par Jean-Pierre Jouyet.

Alors inconnu du grand public, il devient le plus jeune ministre de l'Économie depuis Valéry Giscard d'Estaing dans le premier gouvernement de Georges Pompidou en 1962. Il est qualifié par certains médias et acteurs politiques d'« anti-Montebourg » et de « symbole » d'un virage social-libéral de l'exécutif. La passation de pouvoir entre les ministres a lieu le 27 août 2014 au ministère de Bercy. Il a pour directeur de cabinet Alexis Kohler, qui fut directeur de cabinet adjoint de Pierre Moscovici de juin 2012 à mars 2014, quand celui-ci était ministre de l'Économie et des Finances. Plusieurs de ses lieutenants sont issus des réseaux de Dominique Strauss-Kahn, dont Cédric O, Benjamin Griveaux et Stanislas Guerini. Alors qu'il soutenait François Hollande, il puise ses collaborateurs dans l'équipe Strauss-Kahn, ce qui montre d'avantage son camouflage. Il exerça donc une force une stratégie de camouflage politique.

Prenant la suite du projet de « loi sur la croissance et le pouvoir d'achat » porté par Arnaud Montebourg, qui se donnait pour objectif de « restituer 6 milliards d'euros de pouvoir d'achat » aux Français, il présente au mois de décembre 2014 au Conseil des ministres, le projet de loi pour la croissance, l'activité et l'égalité des chances économiques, aussi appelé « loi Macron », qui a pour objectif de « déverrouiller l'économie française » en modifiant notamment la réglementation concernant le travail le dimanche, les professions réglementées, les transports et le permis de conduire, l'ouverture du marché autocar et la vie des entreprises et des salariés.

Par peur de ne pas trouver de majorité sur ce texte, le gouvernement Valls II décide de ne pas faire voter cette réforme auprès des parlementaires et d'utiliser l'article 49 alinéa 3 de la Constitution, pour la faire adopter. Après son adoption le 10 juillet et une saisine du

Conseil constitutionnel par l'opposition, la loi est promulguée le 6 août 2015. Pour son biographe Marc Endeweld, « c'est bien à l'Assemblée nationale [à l'occasion de l'examen du projet de loi] que le banquier de chez Rothschild s'est mué en véritable homme politique, essayant de convaincre jusqu'à ses détracteurs ». Il bénéficie la protection des socialistes qui est restée hypothétique, ce qui lui poussant et traduisant sa capacité politique de convaincre, ce qui fait que lors sa puissance dans la scène politique.

L'OCDE estime que les mesures d'Emmanuel Macron généreront une hausse du PIB « de 0,3 % à un horizon de cinq ans et de 0,4 % à un horizon de 10 ans ». À l'été 2016, Ludovic Subran, chef économiste de l'assureur Euler Hermes, estime à seulement un « demi-dixième de point » (soit 0,05 %) l'apport de la loi Macron à la croissance de la France. Elle a pour mesure phare la libéralisation du marché des autocars longue distance, dits « autocars Macron ». Il devient la vedette de son gouvernement, emportant l'attention de tout le monde pour les actions du gouvernement. Alors qu'il faisait de projection pour une croissance, le rythme économique ne suivait pas car la mobilisation se faisait vers la classe de riche, la classe moyenne et les pauvres ne suivaient pas car les mesures de Macron ne concernaient pas la population Française tout entière sur l'exécution pour un pays uni et pouvant appuyer la politique de la gouvernance

Emmanuel Macron défend également certains articles du projet de loi relative à la transparence, à la lutte contre la corruption et à la modernisation de la vie économique, dite « Sapin 2 », notamment sur le statut des auto-entrepreneurs ou le seuil de qualification pour accéder à certains métiers. Face à l'opposition qui se manifeste à l'Assemblée, il doit accepter de nombreuses concessions et mobiliser ses partisans.

En avril 2015, Emmanuel Macron fait passer la part de l'État dans le capital de Renault de 15 % à près de 20 %, sans en avertir le PDG, Carlos Ghosn. Il impose ensuite l'application de la nouvelle loi Florange qui permet de donner un droit de vote double aux actionnaires « historiques », ce qui confère à l'État la minorité de contrôle. Devant les remontrances de Nissan qui s'inquiète de cette progression au capital, l'État s'accorde à limiter sa puissance au sein de Renault et s'interdit d'agir chez Nissan. En mai 2016, Emmanuel Macron appelle Carlos Ghosn, PDG de Renault, à revoir sa rémunération de 2015 à la baisse en menaçant de « légiférer ». Il cherche faire priorité à l'Etat, ce qui conduit à la hausse de sa popularité, ce qui conduit à la promotion pour un leader politique de changement à l'avantage de l'Etat qui permet l'intérêt général.

En 2015, Emmanuel Macron autorise la privatisation partielle de 49 % du capital de l'aéroport de Toulouse-Blagnac à des acquéreurs privés étrangers. Le bilan de cette cession est sévèrement critiqué par la Cour des comptes dans un rapport publié en novembre 2018. En avril 2019, la cour administrative d'appel estime que la procédure de cession a été irrégulière. Mais couvert de ses pères, il ne se trouve pas assez critiquer par la presse ni par la classe d'opposition, ce qui lui laisse dans sa robe, malgré son action prise sur la privatisation du capital public.

Les salariés licenciés de l'usine Ecopla en Isère, cédée à un groupe italien, lui reprochent son inaction, tandis que le député Pierre Ribeaud déplore « une absence de prise de cmalonscience » de sa part. Interrogé sur ce sujet, Emmanuel Macron reconnaît « des échecs » et « des limites à l'action publique » : « le rôle des responsables politiques, ce n'est pas de démontrer en toute circonstance des capacités, des protections que parfois ils n'ont plus ». il accepte son échec, mais la correction de l'action, il reste loin d'agir pour corriger sa stratégie, ce qui traduit son esprit du maitre.

Quelques jours après sa démission fin août 2016, l'annonce de la fermeture du site d'Alstom à Belfort lui attire des critiques, y compris de la part de l'Élysée et de Michel Sapin, son successeur et ancien collègue à Bercy, qui déclare qu'Emmanuel Macron « avait levé le pied depuis un an », ou encore de son prédécesseur Arnaud Montebourg. Il dénonce quant à lui la décision d'Alstom, affirme qu'elle n'avait jamais été communiquée au Gouvernement et qu'il a agi sur le dossier en 2015 pour « éviter un plan social et des licenciements ». Mediapart souligne qu'à Bercy, Emmanuel Macron s'est « privé de plusieurs moyens d'influencer les décisions stratégiques du groupe Alstom, surtout lors du rachat par le groupe américain General Electric de ses activités énergie , il a notamment refusé de se servir d'un décret, adopté en mai 2014, permettant à l'État de s'opposer à une prise de contrôle d'une entreprise française par un groupe étranger. Il a également donné à General Electric un avantage décisif dans les coentreprises détenues par les deux groupes ». Il a montré son attachement à la classe bourgeoise et faire éviter l'intérêt de l'Etat. Il met en cause « une surcapacité du secteur ferroviaire français » et affirme que « l'idée que l'on puisse régler ces situations uniquement par la commande publique, c'est une fausse piste sur le moyen et long terme ». Le journaliste Jean-Michel Quatrepoint rattache le cas d'Alstom à celui d'autres fleurons industriels qui ont été cédés depuis vingt ans et établit un « lien direct » entre ces cessions et « la désindustrialisation de la France, son déficit abyssal du commerce extérieur, sa perte d'influence dans le monde, la lente attrition des emplois qualifiés ». Jean-Michel Quatrepoint, sur le plan de la Défense, souligne également l'« erreur stratégique à long terme » de la récupération par General Electric de Alstom Satellite Tracking Systems, spécialisée dans les systèmes de repérage par satellite. En 2019, Alain Marleix, député LR et ancien président de la commission d'enquête parlementaire sur les décisions de politique industrielle de l'État, saisit le parquet de Paris en mettant en cause Emmanuel Macron.

Jérôme Fourquet, directeur du département Opinion de l'Ifop, relève qu'« en quelques mois à peine, d'octobre 2014 à février 2015, la proportion de Français qui ne le connaissent pas passe de 47 % à 18 %. Gagner trente points de notoriété en quelques mois, c'est tout à fait exceptionnel ». Il organise son premier meeting en mars 2015, dans le Val-de-Marne. Il obtient un soutien de la promotion de sa stratégie pour atteindre une popularité exceptionnelle, ce qui conduit alors à la mise en place de sa stratégie de prendre la reine.

Tout en donnant l'apparence de la loyauté envers le président de la République, il prend régulièrement ses distances avec celui-ci, la première datant de son entretien à l'hebdomadaire Le 1 du 8 juillet 2015. Il met à nu alors son camouflage, ce qui fait qu'il commence à faire une opposition à son camp. En avril 2015, Le Monde estime qu'à travers ses prises de parole, Emmanuel Macron « assume désormais son social-libéralisme en pleine lumière, même si son cabinet réfute tout changement d'attitude ou de discours ». Fin 2015, il hésite à quitter le gouvernement en raison du projet de réforme sur la déchéance de la nationalité, avec lequel il exprime son désaccord, il y renonce car celui-ci « ne fait pas partie de [son] périmètre ministériel ».

En janvier 2016, il dépose à l'Élysée et à Matignon un projet de loi, dit « Macron » ou « nouvelles opportunités économiques » (NOÉ), qui est annulé par un arbitrage de l'exécutif. Manuel Valls s'oppose tout particulièrement à ce qu'il présente ce nouveau projet de loi, dont le contenu est confié à d'autres ministères. En février 2016, dans le cadre d'une réunion au palais de l'Élysée visant à arbitrer le contenu du projet de loi El Khomri, il accepte de s'effacer au profit de la ministre du Travail, à condition que le projet de loi comprenne deux dispositions qu'il avait prévu d'inclure dans le sien : la réécriture du licenciement économique et le plafonnement des indemnités prud'homales. Toutes ses propositions ne faisaient que protéger que les propriétaires d'entreprises.

Si Myriam El Khomri proteste et obtient alors gain de cause selon plusieurs témoignages, ces mesures sont finalement intégrées peu après dans le texte. Dans le même temps, il est rétrogradé dans l'ordre protocolaire du gouvernement à l'occasion du remaniement réduit de février 2016. Alors que Manuel Valls entre en situation de concurrence directe avec lui dès la fin de l'année 2015, les deux hommes occupant un espace politique similaire, un sondage Odoxa teste pour la première fois les intentions de vote en sa faveur pour l'élection présidentielle en janvier 2016.

Selon son conseiller en communication Gaspard Gantzer, qui lui fait cette proposition, François Hollande envisage de le nommer Premier ministre en février 2016. Dans Les Leçons du pouvoir, François Hollande indique à ce sujet : « J'écarte d'emblée ce scénario, non par défiance envers lui mais parce que j'estime que Manuel Valls remplit loyalement son rôle et que je ne dois pas bouleverser l'équipe qui avait tenu le choc du terrorisme ».

Il lutte en concurrence il traduit donc la capacité sur la prise d'ascendance sur Valls, ce qui traduit la lutte à l'Elysée de 2015 au 2016.

Le 6 avril 2016, à Amiens, il fonde le parti En marche, qu'il veut « transpartisan » et qu'il définit comme étant à la fois de droite et de gauche. Avec cette initiative, il assume pour la première fois son ambition de se présenter à une élection présidentielle. Plusieurs députés lui apportent alors leur soutien. Ce lancement s'accompagne de tensions avec François Hollande sur la question de la loyauté d'Emmanuel Macron à son égard, et d'une dégradation de ses relations avec le Premier ministre Manuel Valls. Emmanuel Macron entretient également de mauvais rapports avec Michel Sapin, ministre des Finances et des Comptes publics, mais aussi avec les secrétaires d'État Axelle Lemaire (numérique), dont il a la tutelle, et Christian Eckert (budget). Bénéficiant alors d'une très bonne image dans l'opinion, il voit celle-ci se dégrader en juin 2016, après une altercation filmée avec des syndicalistes et une polémique autour de son paiement de l'impôt sur la fortune (ISF). Plusieurs journaux (L'Express, Les Échos, Le I, L'Opinion) soutiennent plus ou moins ouvertement son action. Les Bourgois qui sont aussi propriétaire des maisons de la presse soutien sa candidature, ce qui traduit donc la défensive des médias envers lui.

Le 8 mai 2016, il est invité par le maire d'Orléans, Olivier Carré, à présider les fêtes johanniques, organisées chaque année pour célébrer la libération de la ville par Jeanne d'Arc. Dans son discours, il établit un parallèle implicite entre la vie de Jeanne d'Arc et sa propre trajectoire. En août 2016, il devient le premier ministre d'un gouvernement socialiste à se rendre au Puy du Fou, où il déclare qu'il n'est « pas socialiste ». Bénéficiant d'une importante couverture médiatique, il est parfois présenté comme le « candidat des médias ». il pourrait être vu comme le candidat des investisseurs, il montre son appartenance aux riches, aux plus nantis mais aussi vouloir intégrer les moyens pour une France Dynamique.

Pendant son passage au gouvernement, il fait l'objet d'une forte couverture médiatique. Certains observateurs évoquent ainsi la « macronite », désignant une attitude démesurément bienveillante à son égard, dont seraient atteintes la presse, voire l'opinion publique. D'autres acteurs, issus de la gauche radicale (Jean-Luc Mélenchon, François Ruffin), utilisent le terme pour dénoncer son positionnement politique et son influence au sein de la gauche. Il devient à la fois un élément critiqué à gauche comme à droit comme il le revient ressemblant donc les électeurs des gauches et des droits qui étaient déjà déçu par la politique de leurs familles, ce qui permet d'être la route de l'incarnation socialistes modernes et républicains modernes.

Chapitre troisième : SA SUEUR DE SON ELECTION

A raison de son ambiguïté de savoir s'il s'agit de lui ou continuer à faire le soutien à son fabricant François Hollande, alors il devient celui qui est vu comme la solution de conserver le pouvoir aux socialiste, pourtant lui-même ne voulait faire affiche de l'école socialiste, il a déjà refusé plusieurs propositions de se présenter comme socialistes, il se voit donc aussi sur un paysage politique où les républicains sont frappés des scandales, il trouve que l'occasion de sa stratégie de faire un nouveau courant regroupant les socialistes déçus et les républicains déçus.

La route s'ouvre d'avantage avec l'hostilité que le Président François Hollande recevait envers sa nouvelle candidature, ce qui fait qu'il devient alors le candidat le plus favorable. Il constitue donc un courant poussant à s'aligner au milieu de socialiste et de faire la meilleur solution aux problèmes des Français, mais aussi sa vision n'est pas celle qu'il présentait au peuple, il faisait une politique de la démagogie cachée qui présente un programme solution, mais sa réalisation reste plus grave.

En avril 2016, après avoir présenté le mois précédent François Hollande comme « le candidat légitime » de son camp, il fait part de sa volonté de se présenter à l'élection présidentielle. Il refuse de participer à l'élection primaire de la gauche et annonce sa candidature le 16 novembre 2016. Il se fait comme l'étendard de la publicité de Hollande, alors que son idée et de faire lui-même sa publicité comme celui qui apporte solution aux socialistes et républicains, il se fait un candidat carrefour étant au centre de l'idéologie socialiste et l'idéologie capitaliste, il se fait un homme solution aux problèmes de la génération d'aujourd'hui et de demain.

Le Monde souligne que « jamais une aventure personnelle comme la sienne n'a été couronnée de succès sous la Ve République ». Certains comparent sa dynamique et son positionnement à la candidature de François Bayrou en 2007. Bénéficiant d'une importante couverture médiatique, il est parfois présenté comme le « candidat des médias ». Son premier ouvrage, Révolution, figure parmi les meilleures ventes de livres en

France à la fin de l'année 2016. Finalement, le 1er décembre 2016, François Hollande renonce à se représenter. Il profite de la déchirure des socialistes, alors qu'il est l'un des artisans de cette déchirure, alors il construit sa position, il trace sa stratégie pour faire assoir sa philosophie, mais qui se trouve toujours sur son ambiguïté et l'absence d'une vision précise, de la concrétisation de ses promesses.

Pour financer sa campagne, Emmanuel Macron organise d'importantes collectes de fonds. Ses opposants l'accusent d'avoir utilisé de l'argent public pour favoriser sa candidature après la révélation qu'il a utilisé en huit mois plus de 120 000 € pour organiser des dîners. Au final, avec 16,6 millions d'euros de dépenses, la campagne d'Emmanuel Macron sera la plus coûteuse de tous les candidats. Après l'élection, il est révélé qu'il a bénéficié de rabais significatifs de la part d'entreprises prestataires, et le financement d'En marche fera l'objet d'une enquête en raison de l'origine non-identifiée de 144 000 euros de dons. Il reçoit le soutien des Bourgois qui veulent que lors de sa présidence, il soit redevable envers eux et faire de sorte que sa politique tourne durant son mandat vers leurs avantages.

Les principales critiques à son encontre portent sur le supposé flou entourant son programme. La droite le présente également comme le « dauphin » de François Hollande en raison de ses anciennes fonctions ministérielles et du fait qu'il rallie à sa candidature un certain nombre de personnalités de gauche, notamment Manuel Valls[j]. Jean-Christophe Cambadélis menace cependant les membres du Parti socialiste qui soutiendraient Emmanuel Macron de sanctions, voire d'exclusions.

Le 22 mars 2017, Le Canard enchaîné indique que le parti d'Emmanuel Macron travaille à une alliance électorale avec le Parti socialiste afin de disposer d'une majorité en cas de victoire. Mais Emmanuel Macron exclut toute alliance avec le PS. Après l'avoir critiqué, François Bayrou annonce qu'il n'entend pas se présenter à l'élection présidentielle et propose une alliance à Emmanuel Macron, qui l'accepte.

À la suite de la révélation de plusieurs affaires concernant le candidat de la droite François Fillon, qui était donné largement favori, Emmanuel Macron progresse dans les intentions de vote au premier tour. Le 23 avril 2017, il arrive en tête du premier tour de l'élection présidentielle avec 24,01 % des suffrages exprimés. Il se qualifie ainsi pour le second tour face à Marine Le Pen. Il met ainsi au profit la victoire avec la lutte que les Français affichent contre la progression de Marine Le Pen, il a une possibilité lui permettant de faire victoire pour assurer sa vision dans son ensemble.

Dans son discours suivant le premier tour, Emmanuel Macron remercie François Fillon et Benoît Hamon, qui lui ont apporté leur soutien en vue du second tour, et appelle à un large rassemblement derrière lui. Il reçoit le soutien de plusieurs personnalités, dont celui de François Hollande et celui de l'ancien président des États-Unis Barack Obama. Il est donc les fruits des écoles politiques qui mettent à priori les intérêts des individus au détriment des intérêts du groupe, un capitaliste au sens réel.

Le début de l'entre-deux-tours est marqué par le duel à distance entre les deux candidats sur le parking de l'usine Whirlpool d'Amiens, menacée de délocalisation, où Marine Le Pen se rend par surprise peu avant l'arrivée prévue de son concurrent qui a prévu d'échanger avec les salariés. Le débat télévisé qui oppose Emmanuel Macron à Marine Le Pen, le 3 mai 2017, est d'une violence inhabituelle. Si le candidat d'En marche est plutôt considéré comme le vainqueur de la confrontation, c'est surtout la faiblesse de Marine Le Pen qui est soulignée. D'après Gérard Courtois, éditorialiste au Monde, ce débat est le premier à avoir sensiblement modifié le rapport de forces entre les deux candidats finalistes d'une élection présidentielle au regard de l'agrandissement de l'écart observé entre Emmanuel Macron et Marine Le Pen. Après des tentatives d'hameçonnage en mars 2017, des milliers de documents internes à l'équipe de campagne d'Emmanuel Macron sont piratés et diffusés sur Internet le 5 mai 2017. La Commission nationale de contrôle de la campagne électorale demande aux organes de presse « de ne pas rendre compte du contenu de ces données ». Accusée, la Russie nie toute implication. En juin 2017, après enquête, le directeur de l'ANSSI, Guillaume Poupard, indiquera que « l'attaque était si générique et simple qu'elle pourrait être quasiment l'œuvre de n'importe qui ».

Le 7 mai 2017, il est élu président de la République avec 66,10 % des suffrages exprimés, contre 33,90 % pour Marine Le Pen. Ce second tour est marqué par un nombre record d'abstentionnistes et de bulletins blancs ou nuls : 25,4 % d'abstentions, 6,4 % de votes blancs et 2,2 % de votes nuls. Emmanuel Macron a ainsi recueilli le vote de 43 % des électeurs inscrits sur les listes électorales, ce qui est comparable aux résultats des précédentes élections présidentielles. Au lendemain de son élection à l'Élysée, il démissionne de la présidence d'En marche, dont Catherine Barbaroux assure l'intérim en vue des élections législatives.

Emmanuel Macron est perçu comme un réceptacle de la demande de renouvellement du personnel politique. Sa trajectoire a pu être comparée à celle de Charles de Gaulle en 1958 pour sa capacité à s'imposer dans un paysage politique à bout de souffle et à le recomposer.

Les attentes de la populations sont alors un changement radical, alors que les alliances qu'a signé ne lui permet pas aussi de menacer les intérêts de ses alliés, les alliances qu'il dispose ne lui permet pas de suivre la voix de la population, il se situe entre un dilemme , soit un renouvellement de la politique de gouvernance, soit servir ces alliés, le risque est grand, servir le peuple et perdre la confiance de ses alliés pour une gouvernance agitée, comme le cas de son Père François Hollande, alors il ne peut pas prendre ce chemin, soit servir ces alliés et vivre la pression de la population, c'est un risque à prendre pour qu'il puisque croire voir la prospérité de son action.

Le 14 mai 2017, Emmanuel Macron est investi président de la République française. Il est le 8e président de la Cinquième République et le 25e président de la République française. Lors de son entrée en fonction, il est, à 39 ans, le plus jeune président français de l'histoirel, le plus jeune dirigeant du G20 et le plus jeune chef d'État élu démocratiquement, exception faite du micro-État de Saint-Marinm.

Il confie la fonction de Premier ministre à Édouard Philippe, maire du Havre et membre des Républicains (LR). Édouard Philippe forme un gouvernement comprenant des personnalités de gauche, de droite, du MoDem et des indépendants, présentés comme des membres de la « société civile ». alors qu'ils sont identifiés comme des membres des partis politiques, alors son gouvernement est formé sur une pluralité d'opinion politique, ce qui conduit à la réduction de l'homogénéité de l'action gouvernementale, conduisant à des cassures de part des membres qui défendaient leurs idéologies au sein du gouvernement d'Emmanuel Macron.

Emmanuel Macron ayant déclaré en octobre 2016 que la France a besoin d'un chef de l'État « jupitérien » sur le modèle de Charles de Gaulle et François Mitterrand, par opposition au « président normal » que François Hollande entendait incarner, les médias reprennent largement cette métaphore en le qualifiant de président jupitérien, voire en le surnommant « Jupiter » pour évoquer le début de sa présidence et les symboles auxquels il recourt (marche vers la pyramide du Louvre le soir de son élection, remontée des Champs-Élysées en véhicule militaire, tentative de sélectionner la presse accréditée pour les voyages officiels, invitation de Vladimir Poutine à Versailles).

Le chercheur Alexandre Eyries estime qu'Emmanuel Macron « affiche un retour aux sources de la Ve avec un pouvoir exécutif absolu ». L'absolutisme qu'il affiche reste sur les propositions des discours, il retrouve son action aussi éphémère pour une France en déficit budgétaire au-dessus des normes de l'union Européenne, une France avec un taux de chômage énorme, une forte croissance de la pauvreté, une croissance du nationalisme, sur ces paquets problème son action risque aussi d'être sur discours et les Français tarderont à le vivre.

Le Jupitérien Français alors élu, il prit l'appareil de l'Etat, mais il est vu comme étant le donneur de leçon à l'interne comme à l'externe, il traite la plus part des personnes qui n'adhèrent à son courant comme des personnes n'ayant pas l'information, il coiffe l'absolu qui a fait qu'il soit le président de la république au titre de la grandeur de la France, mais sur terrain, il s'observe donc un retard du concret, l'offre Français n'est pas suivi par la demande, les discours à l'égard de l'Europe n'est pas suivi par les autres Etats de l'Union, alors il semble être loin de l'unanimité Européenne. Alors sa vision de société qui a toujours été vu comme étant ambiguë par plusieurs analystes ne trouvent pas l'absolu pour assurer la confiance au niveau de son peuple et au niveau de son peuple.

Il semble avoir une faiblesse de la conviction globale, en Afrique, alors que son discours sur l'accroissement démographique avait suscité une opinion controverse avec la majorité des Africains, son soutien à la candidature du Rwanda à la Francophonie a été vu comme un aveu d'échec de la politique étrangère Française, ce qui a fait qu'une grande opinion de la Francophonie Africaine ait une résistance à l'égard de la politique coopérative de la France. A cette heure, l'Afrique était dans une mutation de sa vision de la paternité de l'Afrique, plusieurs discours de la coopération d'égale à égale étaient mis sur pied. La valorisation des militaires des colonies tombées à la guerre mondiale, les erreurs Françaises de la colonisation devraient non seulement être reconnue mais réparées par les actions de développement.

La vision de la coopération de la France devrait subir une modification, alors que la France connaissait une récession, l'Afrique était une solution en débouché et en matières premières, ce qui a fait le Jupitérien Français ait de difficultés, la solution du conflit Lybie, qui était une solution pour la migration clandestine, alors un conflit qui était resté entretenu par les puissances, alors que l'Europe serait dans sa période de la mort de la conscience de la protection de civile en danger, voir la mort de la capacité de la mise en place de la promotion de droit de l'homme, de l'égalité, on trouve la mise sur pied de la compagne l'apartheid Européen, un avantage est accordé même aux réfugiés de l'Asie que les réfugiés de l'Afrique, ce qui a fait que lors de son discours, une amélioration du droit d'Asile s'observerait, mais à la réalité de gouvernance un risque de faire passer cette loi au parlement est mentionné.

Chapitre Quatrième : LA SUER DE SA GOUVERNANCE

Le début du quinquennat d'Emmanuel Macron est marqué par l'affaire Richard Ferrand, du nom du ministre de la Cohésion des territoires, accusé de conflits d'intérêts, et par des accusations d'emplois fictifs visant le MoDem, parti de François Bayrou, tout juste nommé ministre de la Justice. Ces révélations interviennent en pleine préparation d'une loi sur la « moralisation » de la vie politique portée par François Bayrou. Sous le feu des critiques, celui-ci, Sylvie Goulard et Marielle de Sarnez ne sont pas reconduits lors de la formation du second gouvernement Philippe, à la suite des élections législatives. Alors qu'il se disait Jupitérien pour la république, son équipe se trouve avec une immoralité, ce qui conduit aux critiques, traduisant que sa gouvernance n'avait pas assez de moralité à fournir au peuple Français, Macron qui se voyait donneur de leçon se trouve alors sur les critiques de son équipe.

Évolution de la popularité d'Emmanuel Macron depuis le début de son quinquennat (selon dix instituts de sondage). Emmanuel Macron voit sa cote de popularité de début de mandat s'établir à un niveau compris entre 45 % (selon Elabe) et 62 % (selon l'Ifop) de satisfaction. Sa popularité est ainsi sensiblement inférieure à celles de ses prédécesseurs au début de leur mandat. Alors qu'il estimait qu'il devrait être vu comme Mitterrand, De gaule, sa popularité connait une chute aussi grave, une régression pour son être, il se trouve loin de la conviction des attentes de son peuple, il perd chaque jour son électorat, ce qui se manifeste par les régressions de la confiance qu'il avait envers son peuple.

À l'été 2017, les instituts de sondage font état d'une baisse de sa popularité dans une proportion jamais vue depuis Jacques Chirac en 1995. Selon l'Ifop, sa cote de satisfaction connaît une baisse de 24 points de pourcentage en trois mois. Le baromètre Elabe d'août relève même un différentiel de 15 points en sa défaveur. Plusieurs éléments sont avancés par les sondeurs pour expliquer ce phénomène quasi-inédit sous la Ve République : mise en place par l'exécutif d'une politique de rigueur ; difficulté à satisfaire sur la durée son électorat, composé à la fois les sympathisants de droite et de gauche ; déclarations jugées humiliantes envers le chef d'État-Major des armées, Pierre de Villiers.

Dans une tribune publiée par le New York Times, Chris Bickerton, maître de conférences à l'université de Cambridge, désigne son « attitude arrogante à l'égard du pouvoir » et le « vide de son projet politique » comme raisons de sa perte de popularité. Alors qu'il camouflait son visage pour une gouvernance orthodoxe, il devint le Président que la France connait pour son ambiguïté politique et l'absence du rythme de gouvernance, il est alors celui dont sa gouvernance n'assure pas confiance dans la majorité de son peuple.

Au début de sa présidence, il fait principalement voter des réformes en matière fiscale et en droit du travail. Le quotidien Le Monde indique que si Emmanuel Macron souhaitait à la fois « libérer » l'économie et « protéger » les Français, le premier objectif a « pris le pas » sur le second. Il devient plus libéral par son action, faisant ainsi service à la classe bourgeoise qu'il servait et qui ont haussé sa personnalité.

Il fait également sortir les valeurs mobilières et les placements (actions, assurance-vie…) de l'impôt de solidarité sur la fortune (ISF), qu'il remplace par l'impôt sur la fortune immobilière (IFI), au périmètre plus limité. Cette mesure, qui coûte 3,2 milliards d'euros au budget français alors qu'elle bénéficie à seulement 300 000 personnes, contribue à sa perception dans l'opinion comme le « président des riches ». Il annonce également la suppression de la taxe visant les Français transférant leur domicile fiscal hors de France (exit tax).

D'après une étude réalisée en 2018 par l'OFCE, les mesures économiques d'Emmanuel Macron auront un quasi-impact nul sur le pouvoir d'achat des classes moyennes et les ménages les plus pauvres verront leur niveau de vie se réduire, alors que les 2 % des Français les plus aisés gagneront 42 % de l'augmentation attendue par l'exécutif. Les conditions économiques qu'il assurait apporter pour son peuple, ces conditions n'ont pas des effets sur les classes pauvres et les classes moyennes pour l'amélioration des conditions de vie, ce qui qualifie le projet de société de Macron de la démagogie.

Alors que la Cour des comptes fait part de son scepticisme sur la politique budgétaire menée par l'exécutif, les mauvais résultats économiques de la France sont soulignés par les médias et les Français jugent négativement sa politique économique.

Sa chute de popularité est particulièrement marquée chez les catégories populaires (ouvriers et employés), alors qu'il avait déjà réalisé ses moins bons résultats chez celles-ci au premier tour de la présidentielle ; Jérôme Fourquet de l'Ifop et Chloé Morin de la Fondation Jean-Jaurès considèrent que « pour l'essentiel, c'est l'insécurisation économique, que la politique menée est perçue comme aggravant davantage, ainsi que le sentiment d'injustice sociale, nourri par un certain nombre d'annonces fiscales récentes, qui sont à l'origine de la fracture qui se dessine entre le représentant d'une France « en marche » et celle qui se sent de moins en moins prise en compte voire, aux dires de certains, méprisée ».

De novembre 2017 à janvier 2018, les sondages indiquent une hausse continue de sa popularité. Pour Brice Teinturier, ce regain donne une « grande originalité » à la courbe de popularité d'Emmanuel Macron au regard de celles de ses prédécesseurs ; il l'explique par les réformes qu'il mène, le respect de la plupart de ses promesses de campagne et la faible structuration de l'opposition à son égard. Un sondage Odoxa de décembre 2017 indique que le nombre d'opinions favorables à son égard s'établit à 54 % mais qu'il reste considéré à 67 % comme le « président des riches » ; le même institut indique en février 2018 que 69 % des Français le considèrent comme éloigné des intérêts de la France rurale.

Entre mars et juillet 2018, sa popularité se stabilise après deux mois de baisse significative, en particulier chez les classes moyennes. À l'été et l'automne 2018, la plupart des instituts de sondage indiquent qu'il atteint ses plus faibles taux de popularité : il est crédité de 21 % à 34 % d'opinions favorables, soit un niveau plus faible que son Premier ministre et souvent inférieur à celui de ses prédécesseurs au même moment de leur présidence. Selon Frédéric Dabi, directeur général adjoint de l'Ifop, l'affaire Benalla a été un « déclic pour déclencher une vague de jugements négatifs », mais c'est la politique économique d'Emmanuel Macron qui serait la principale source de mécontentement : d'après lui, « Macron n'est plus seulement dénoncé comme le président des riches mais comme celui qui s'attaquerait aux pauvres, celui dont la politique nuirait aux classes moyennes ». Il souffre également de l'usage d'expressions qui passent pour arrogantes ou traduisant un mépris de classe et de ses critiques envers les Français lors de voyages à l'étranger.

Lors de son émergence sur la scène politique française, Emmanuel Macron est alternativement qualifié de social-libéral ou de social-démocrate. Il est alors soutenu par l'aile droite du Parti socialiste et par une partie de la droite. il ne traduit pas une ligne claire de sa politique, il se situe au milieu, ce qui scelle son ambiguïté sur l'orientation de la politique de gouvernance, il se voit donc sous une rupture, un tâtonnement de l'orientation à prendre entre la politique de sa gouvernance

Alors qu'il l'assume en 2014, il renie à partir de 2016 la qualification de socialiste, tout comme celle de centriste. Dans son ouvrage Révolution de 2016, il se présente à la fois comme un « homme de gauche » et un « libéral », « si par libéralisme on entend confiance en l'homme ».

Avec En marche, il affirme souhaiter dépasser le clivage existant entre la gauche et la droite au profit de celui entre « progressistes » et « conservateurs ». Lors de la campagne présidentielle de 2017, ses propositions mêlent des mesures considérées comme étant de gauche et d'autres de droite. Pour en faire part dans une même phrase, il a régulièrement recours à l'expression « en même temps ». Avec le lancement d'En marche et le recours à une rhétorique antisystème, il est parfois qualifié de populiste, terme qu'il rejette et revendique alternativement en fonction du sens qui lui est donné. Dans le même temps, il est décrit comme un représentant des élites et accusé de servir leurs intérêts.

Proche de Michel Rocardr, il revendique une filiation politique avec Pierre Mendès France et François Mitterrand. Mediapart relève au cours de sa campagne de 2017 qu'il « mobilise dans ses discours et entretiens un panthéon hétéroclite de figures politiques et intellectuelles » (« plus de 80 auteurs et intellectuels, philosophes, artistes et écrivains, souvent des classiques »), avec Charles de Gaulle comme « référence favorite ». Mais son programme de gouvernance ne fait pas vraiment la concordance avec les figures de son adhésion, de sa revendication, aux résultats apportés, il est loin de l'apport de ses idoles.

Durant la campagne présidentielle de 2012, il s'oppose à la suppression de niches fiscales. Lorsqu'Arnaud Montebourg tente de sauver les emplois menacés du site ArcelorMittal de Florange, il affirme que la « gauche romantique » doit « ouvrir les yeux ». En février 2017, il annonce vouloir supprimer 120 000 postes de fonctionnaires en ne renouvelant pas certains postes.

À quelques mois de distance, il tient des propos contradictoires ou opposés : c'est le cas notamment pour les 35 heures, le droit du travail, l'indemnisation dégressive du chômage, le diesel, le cannabis, la colonisation ou le mariage pour les couples de même sexe. En vue de la présidentielle de 2017, il déclare vouloir exonérer 80 % des Français de la taxe d'habitation, l'État prenant en charge le déficit de ressources pour les communes.

Emmanuel Macron propose de relancer « de manière brutale » la production de logements par « une politique de l'offre », quitte à « réduire » des « normes », « certains droits et certaines capacités de recours » pour « accélérer les opérations » immobilières.

En matière de santé, il ne remet pas en cause le dispositif du tiers payant mais estime qu'il faut revenir sur le paiement des médecins à l'acte « pour faire face à la surcharge de travail » ainsi qu'à « une nouvelle sociologie de médecins qui veulent travailler autrement », mais aussi pour « un problème d'efficacité ». Il propose de « prendre en charge à 100 % l'optique, l'audition et le dentaire », une mesure qui, selon le quotidien Les Échos, coûterait 4,4 milliards sans que le candidat ne précise si ce surcoût sera payé par la Sécurité sociale ou par les mutuelles.

Pour L'Obs, les propositions d'Emmanuel Macron s'inscrivent « dans l'esprit de la loi de refondation de l'école de l'ex-ministre de l'Éducation Vincent Peillon (priorité au primaire), avec un soupçon de libéralisme de droite (plus d'autonomie aux écoles) et un message rassurant envoyé aux élites sociales (maintien des classes prépas et des grandes écoles puisque le système marche) ».

Il propose que les réseaux d'éducation prioritaire (ex-ZEP) enrôlent des professeurs expérimentés, mieux payés, et disposant d'une plus grande liberté pédagogique. Il propose d'enrichir l'offre scolaire dans les collèges de quartiers populaires pour qu'ils attirent les bons élèves du secteur, voire des élèves venus d'ailleurs par dérogation ; ces mesures font l'objet d'une expérimentation du gouvernement à la rentrée 2016. Il conforte le besoin d'un collège unique et propose une réforme de la carte scolaire.

Selon lui, l'enseignement professionnel « doit devenir une priorité de l'Éducation nationale » mais il évoque une réforme organisationnelle proche de celle mise en place en Allemagne, avec la proposition d'une décentralisation. Il déclare : « L'État doit définir les programmes et le cadre de l'enseignement professionnel, et la gestion de ces filières doit être transférée aux régions ». La liberté alors des professeurs se réalisera comment avec un contrôle des programmes, la vision de l'autodéfinition de ce qu'on veut apprendre, ce qui risque de conduire à la confirmation de l'ambigüité de son programme de gouvernance.

En matière d'éducation, Emmanuel Macron met en place un programme prévoyant des classes de CP à 12 élèves dans les écoles défavorisées , fait voter l'interdiction des téléphones portables dans les écoles et les collèges , ainsi qu'une nouvelle formule du baccalauréat, qui doit comprendre une part de contrôle continu à partir de 2021, malgré l'opposition du Conseil supérieur de l'éducation du 21 mars 2018.

Les élections sénatoriales de 2017 constituent la première défaite électorale d'Emmanuel Macron. Initialement, La République en marche espérait doubler son nombre de sénateurs, mais ses espérances sont progressivement revues à la baisse, notamment en raison de l'annonce par le gouvernement de coupes budgétaires aux collectivités territoriales. Le scrutin, auquel participent essentiellement des grands électeurs élus lors des municipales de 2014, est un sévère échec pour le parti présidentiel, qui ne parvient pas à remporter de sièges supplémentaires. Ce résultat complique le projet de réforme constitutionnelle d'Emmanuel Macron, car, pour réviser la Constitution, il faut que les deux chambres approuvent le même texte, et que le projet soit appuyé par une majorité de trois cinquièmes des parlementaires (députés et sénateurs).

À partir de novembre 2018, il est au centre de la contestation des Gilets jaunes, qui commence de façon spontanée après l'annonce par l'exécutif d'une augmentation des taxes sur le prix des carburants au 1er janvier 2019. Alors que le mouvement fait de nombreux blessés, Emmanuel Macron revient sur la hausse des taxes et annonce notamment l'augmentation du salaire d'un travailleur au SMIC de 100 euros par mois en 2019. Il lance en décembre un grand débat national et publie le mois suivant une Lettre aux Français. Le 25 avril 2019, à la suite de ce débat critiqué par l'opposition pour son manque de représentativité supposé, sa longueur et sa proximité avec les élections européennes, il annonce son intention de réformer le référendum d'initiative partagée, d'intégrer des citoyens tirés au sort au Conseil économique social et environnemental, de réorganiser l'administration publique, de créer un « Conseil de défense écologique », d'augmenter la durée du travail et de réduire l'impôt sur le revenu. Il s'agit d'un camouflage pour calmer le jeu avec les élections européennes, ces stratégies lui permettent de faire les sièges sur les élections de l'Europe.

Chapitre Cinquième : LA SUEUR DE LA SON INTERNATIONALE

Pour sa première visite à l'étranger, il se rend à Berlin afin d'afficher une entente avec Angela Merkel, la chancelière allemande apparaît alors comme étant sa principale alliée au sein de l'Union européenne sur les questions économiques et migratoires. Deux ans plus tard, en mai 2019, Angela Merkel évoque publiquement des « confrontations », des « désynchronisations » et des « différences de mentalité » avec Emmanuel Macron, qui est pourtant le quatrième Président Français avec qui elle est amenée à travailler. Il se trouve donc qu'Emmanuel Macron n'a pas pu maintenir la relation Allemagne France car les oppositions entre les deux chefs d'Etats durant les autres présidents n'ont pas été signalé publiquement, l'arrogance, le sang jeune qui pouvait etre un atout du président Macron devient un obstacle majeur pour lui, il devient donc le président Français qui n'a pu stabiliser la relation avec la plus part des Etats de l'Europe.

Le 25 août 2017, des déclarations d'Emmanuel Macron déclenchent une crise diplomatique avec la Pologne. Alors qu'il affirme vouloir modifier le statut des travailleurs détachés, contre la volonté du gouvernement polonais, le Président Français déclare que « la Pologne n'est en rien ce qui définit le cap de l'Europe » et que « le peuple polonais mérite mieux » que la position adoptée par sa Présidente du Conseil des ministres, Beata Szydło. En retour, celle-ci dénonce l'« arrogance » du Président Français, ajoutant qu'il devrait essayer d'« avoir les mêmes résultats économiques et le même niveau de sécurité de ses citoyens que ceux garantis par la Pologne ».

En tant que Président de la République Française, Emmanuel Macron devient co-prince d'Andorre aux côtés de l'évêque d'Urgell. En juillet 2017, il rencontre à Paris le chef du gouvernement d'Andorre, Antoni Martí, et le président du Parlement andorran, Vicenç Mateu. Les trois hommes discutent des réformes économiques et sociales de la principauté, dont l'introduction récente d'une nouvelle législation fiscale. Emmanuel Macron promet de soutenir Andorre dans ses négociations pour l'obtention d'un statut d'association avec l'Union européenne.

Durant sa première année de présidence, Emmanuel Macron voit échouer sa proposition de listes transnationales aux élections européennes, son projet de budget de la zone euro, et ne parvient pas à s'imposer sur la crise migratoire. Ainsi, en avril 2018, Angela Merkel s'oppose à son souhait de doter la zone euro d'une capacité budgétaire, la chancelière allemande voyant dans ce projet le risque que les pays du Sud de la zone relâchent leur effort budgétaire. Sur la question migratoire, il fait face à l'opposition de plusieurs pays européens hostiles à l'accueil de migrants, dont l'Italie, la Hongrie, la Pologne, la République tchèque et l'Autriche. Fin 2018, il qualifie les dirigeants hongrois et polonais d'« esprits fous » qui « mentent à leur peuple ». L'opposition entre Emmanuel Macron et Viktor Orbán est soulignée par les médias, qui indiquent qu'ils essaient de reconfigurer la vie politique européenne autour de leurs figures respectives. En mars 2019, sa tribune « pour une renaissance européenne » est accueillie froidement par les pays de l'UE.

Le 1er juin 2017, il s'élève contre la décision de Donald Trump de retirer les États-Unis de l'accord de Paris sur le climat, lors d'une allocution télévisée qu'il prononce en français puis en anglais. Il conclut son intervention en paraphrasant le slogan de campagne du président américain (« Make America Great Again ») par « Make our Planet Great Again », une formule qui fait le tour du monde et bat le record de partages sur Twitter pour un compte français. Il se fait un donneur de leçon aux autres peuples, alors qu'il veut être un enseignant des autres Chefs d'Etats, mais l'apport de sa gouvernance à son peuple devient faible, ce qui lui rend aussi faible dans l'opinion de chefs d'Etats, alors sa puissance Jupitérienne reste un rêve, une vision et non une réalité à l'interne qu'à l'externe.

En novembre 2018, Emmanuel Macron évoque l'idée d'une armée européenne, ce qui lui attire les critiques du président américain alors que l'entente entre les deux hommes était jusqu'ici soulignée. En novembre 2017, il s'investit dans la crise au Liban, où le Premier ministre Saad Hariri avait démissionné, sous la pression de l'Arabie saoudite selon certains.

Dans le cadre de la guerre civile syrienne, Emmanuel Macron reste sur une ligne proche de celle de François Hollande: il réaffirme son soutien à l'opposition syrienne, mais change cependant de rhétorique en affirmant ouvertement ne pas vouloir faire de « la destitution de Bachar el-Assad une condition préalable à des discussions. [...] Daech est notre ennemi, Bachar est l'ennemi du peuple syrien ».

Élu peu après l'attaque chimique de Khan Cheikhoun, Emmanuel Macron déclare, le 29 mai 2017, qu'une nouvelle utilisation d'armes chimiques en Syrie serait une « ligne rouge » qui, si elle était franchie, ferait l'objet d'une « riposte immédiate ». Une semaine après l'attaque chimique de Douma du 7 avril 2018, la France participe à des bombardements contre des sites liés au programme d'armement chimique syrien. Emmanuel Macron affirme alors que la France détient des « preuves » de l'usage d'armes chimiques contre des civils par le régime de Bachar el-Assad. Cette riposte est soutenue par le Parti socialiste, mais condamnée par le Front national et La France insoumise, tandis que Les Républicains sont divisés. Parmi eux, plusieurs personnalités appellent à la divulgation des « preuves » évoquées par Emmanuel Macron et dénoncent une intervention sans mandat de l'ONU ni vote du Parlement.

Lors de son premier discours à l'ONU, le 19 septembre 2017, Emmanuel Macron défend une vision « multilatéraliste » des relations internationales.

En mars 2019, Michelle Bachelet, haut-commissaire des Nations-unies aux droits de l'homme, demande une enquête sur les cas rapportés d' « usage excessif de la force » et violences policières face au mouvement des Gilets jaunes. Le gouvernement français s'étonne de trouver la France sur une liste qui comporte des régimes autoritaires comme le Soudan, le Zimbabwe et le Venezuela qui torturent ou tuent des manifestants, affirmant qu'en France aucun mort n'est à déplorer. Michelle Bachelet invite le gouvernement français à dialoguer avec les manifestants, et rappelle que « même dans des Etats prospères, des gens se sentent exclus des bénéfices du développement et privés de droits économiques et sociaux ». La France freine alors les engagements de la liberté publique, de la démocratie, la France devient un Etat qui est vue comme autoritaire, alors

Emmanuel Macron se voit celui qui a fait reculer l'effort des Français, celui qui a fait perdre l'image de la France, celui qui a fait la récession de la France par l'image à l'interne et à l'externe.

Le parcours politique d'Emmanuel Macron est jalonné de déclarations qui déclenchent des polémiques et se voient parfois baptisées du nom générique de « macronades » dans les médias ; ceux-ci se demandent dans quelle mesure ces propos peuvent être spontanés ou, au contraire, participer d'une stratégie de communication. Le terme plus péjoratif de « macronerie » est également utilisé.

Emmanuel Macron crée la polémique le 17 septembre 2014 en déclarant publiquement qu'une partie non négligeable des employés bretons de Gad sont « illettrés », avant de regretter ses propos.

Alors ministre de l'Économie, il se rend à Lunel et s'emporte face à des grévistes en lançant : « Vous n'allez pas me faire peur avec votre tee-shirt. La meilleure façon de se payer un costard, c'est de travailler ».

La députée socialiste des Hautes-Alpes Karine Berger, soutien de Benoît Hamon, rapporte que lors du débat sur la loi de séparation des banques de dépôt et d'investissement, Emmanuel Macron, alors secrétaire général adjoint de l'Élysée, l'a appelée à plusieurs reprises « pour lui demander de retirer deux amendements non favorables à ses amis banquiers ».

Le 13 janvier 2017, en déplacement à Nœux-les-Mines (Pas-de-Calais), l'ancien ministre de l'Économie est accusé par certains élus de tout bord politique de « mépriser » les habitants du bassin pour avoir affirmé que l'alcoolisme et le tabagisme se sont peu à peu installés dans le bassin minier.

Il déclare le 4 février 2017 : « Il n'y a pas de culture française, Il y a une culture en France. Elle est diverse ». Le 21 février suivant, à Londres, il réitère ces propos en affirmant qu'« il n'y a pas de culture française » et qu'il n'a jamais vu l'« art français ». Ces déclarations lui attirent des critiques du monde politique et culturel français. Le 16 février 2017, il déclare regretter « l'humiliation » qu'auraient subie les opposants au mariage entre personnes de même sexe, suscitant de nombreuses réactions, notamment de la part d'organisations LGBT et de Christiane Taubira. Lors de l'« affaire » Mohamed Saou, Macron apporte son soutien à ce dernier sur Beur FM alors qu'il se pense hors antenne : « Il a fait un ou deux trucs un peu plus radicaux, c'est ça qui est compliqué. Mais à côté de ça, c'est un type qui est très bien Mohamed en plus ». Il est alors accusé de complaisance à l'égard de l'islamisme.

Après sa remarque à propos des kwassa-kwassa lors d'un déplacement en Bretagne le 1er juin 2017 « le kwassa-kwassa pêche peu, il amène du Comorien, c'est différent » qui suscite des réactions très vives dans le monde politique comme au sein de la communauté comorienne, Emmanuel Macron s'entretient avec le président comorien Azali Assoumani avec lequel il affirme vouloir « travailler dans un esprit d'apaisement et de confiance mutuelle ». il est caractérisé par une communication essaie erreur, alors que le médias ne font part de la vulgarisation de ratée communication d'Emmanuel Macro, ce qui traduit la protection qu'il a envers le médias.

Le 2 juillet 2017, il suscite une polémique en affirmant à l'occasion de l'inauguration de la Station F, qu'« une gare, c'est un lieu où on croise des gens qui réussissent et des gens qui ne sont rien », ces propos étant condamnés par l'opinion publique et l'entière opposition parlementaire.

Le 11 juillet 2017, en marge du sommet du G20, il suscite une autre polémique auprès de journalistes de L'Humanité et Libération en affirmant : « Le défi de l'Afrique, il est civilisationnel. Quand des pays ont encore aujourd'hui sept à huit enfants par femme, vous pouvez décider d'y dépenser des milliards d'euros, vous ne stabiliserez rien ». Alors que les efforts chinois sont énormes par rapport aux efforts français, il se traduit le guide de la civilisation de l'Afrique. Il veut dire aux Africains que la France n'a plus des problèmes sociaux, alors que la question des gilets jaunes nécessite un effort de surcroit pour que les Français trouvent avantage dans sa politique.

Le 4 octobre 2017, lors d'une visite en Corrèze pour l'inauguration d'un campus à Égletons, il prononce en aparté, au sujet des salariés de l'usine GM&S venus s'inviter pour manifester leur mécontentement à la suite de la suppression de 150 emplois : « Il y en a certains, au lieu de foutre le bordel, ils feraient mieux d'aller regarder s'ils ne peuvent pas avoir des postes là-bas, parce qu'il y en a qui ont les qualifications pour le faire », ce qui est considéré comme une forme d'arrogance par ses opposants. Plusieurs personnes, dont Ugo Bernalicis, député de la France Insoumise, retournent même les propos du président de la République contre lui en disant que « l'expression pourrait très bien être réutilisée contre son auteur ». En réaction à la polémique, Emmanuel Macron déclare aux journalistes : « C'est vous qui le mettez [le bordel] ».

Le 12 juin 2018, la conseillère de presse de l'Élysée publie une vidéo sur son compte Twitter montrant Emmanuel Macron en train de critiquer le « pognon de dingue » dépensé dans les aides sociales. La vidéo est critiquée par des hommes politiques de gauche tels que Jean-Luc Mélenchon : « Ce qui coûte un pognon de dingue, c'est vous et vos cadeaux aux ultra-riches », et par des personnalités de droite comme Bruno Retailleau, président du groupe Les Républicains au Sénat : « On est dans la continuité du sans-dents de François Hollande avec la théâtralisation en plus ». Au-delà du contenu de la vidéo, elle est aussi critiquée car considérée comme une tentative de détourner l'attention des Français de la polémique au sujet du débarquement des migrants sauvés d'un risque de noyade en Méditerranée par l'Aquarius.

Chapitre Sixième : LA SUEUR DE SON LANGAGE

Dans son livre Révolution, publié en novembre 2016, il « plaide pour une dépénalisation de la détention en petite quantité du cannabis afin de désengorger les tribunaux ». Toutefois, dans un entretien accordé au Figaro en février 2017, il réfute totalement l'idée en déclarant qu'il « ne croit pas à la dépénalisation des petites doses ni aux peines symboliques, cela ne règle rien ». La semaine suivante, son soutien Gérard Collomb explique que Macron préfère sanctionner par une amende directe de 100 euros un délit lié au cannabis au lieu de convocations au tribunal pour des rappels à la loi et des peines symboliques. Il précise donc tenir une position de dépénalisation mais pas de légalisation. Il navigue dans un langage ambigu pour sa conduite de gouvernance, alors il semble être donc faire une face caché, une phase publique, ce qui conduit à un complot qu'il menait contre la république. Il ne voulait pas à chaque moment montrer sa position comme guide et faire de sorte que l'opinion suive son choix, mais étant caractérisée par une ruse, alors il voulait se laisser au carrefour de sorte que si sa décision produit de résultat non satisfaisant, qu'il y revienne, c'est une stratégie de caché son image et plonger sa responsabilité aux autres.

Il est critiqué pour évoquer, également dans son livre Révolution, « des éléments de civilisation » dans la colonisation de l'Algérie : « Oui, en Algérie, il y a eu la torture, mais aussi l'émergence d'un État, de richesses, de classes moyennes, c'est la réalité de la colonisation. Il y a eu des éléments de civilisation et des éléments de barbarie. » En février 2017, il revient sur ces propos en déclarant à la chaîne algérienne Echorouk News qu'« il est inadmissible de faire la glorification de la colonisation » et qu'il l'a « toujours condamnée ». Il ajoute également : « La colonisation fait partie de l'histoire française. C'est un crime contre l'humanité. » Cette sortie est abondamment commentée dans la presse. Pour l'historienne Sylvie Thénault, « le contexte suggère que ses déclarations visent à chercher des voix dans un électorat qui serait sensible à une condamnation de la colonisation ». Il fait de sorte que la responsabilité des autres soient vues comme une faute, alors que sa responsabilité, son implication pour la stabilité de la sous-région en redonnant un Etat fort aux Lybiens restent seulement sur les discours, alors que l'Algérie confronté à un problème de la démocratie, alors que la France traine à donner sa position vis-à-vis du président Algérien.

En 2010, confronté à des difficultés financières, le journal Le Monde cherche de nouveaux investisseurs. Emmanuel Macron, alors banquier chez Rothschild, se propose de conseiller à titre gracieux la Société des rédacteurs du Monde, actionnaire majoritaire du journal avec les autres salariés du groupe et les lecteurs. Le 3 septembre 2010, alors que les journalistes rencontrent les conseillers de Pierre Bergé, l'un des futurs repreneurs de l'entreprise, Adrien de Tricornot, spécialiste pour Le Monde des questions économiques et financières et vice-président de la Société des rédacteurs du Monde, rencontre Emmanuel Macron dans le sillage d'Alain Minc. Ce dernier a ses bureaux dans le même immeuble et conseille un autre groupe pour le rachat du journal. En 2015, Adrien de Tricornot obtient une autre preuve du « double jeu » d'Emmanuel Macron lors de la publication du livre L'ambigu Monsieur Macron : un courrier proposé par Emmanuel Macron et rédigé à l'origine par la société d'Alain Minc. Il certifie son ambiguïté pour faire face à une capacité fiscale, ce qui traduit donc le langage double pour la promotion.

Dans son édition du 31 mai 2016, Le Canard enchaîné affirme qu'Emmanuel Macron sous-évalue son patrimoine de 253 255 € par rapport à l'évaluation faite par l'administration fiscale, qui vérifie les déclarations réalisées auprès de la Haute Autorité pour la transparence de la vie publique (HATVP). Cette sous-évaluation concerne la valeur de sa maison au Touquet, que l'intéressé affirme avoir fait estimer en 2012 par un expert auprès de la Cour de cassation qui l'aurait évalué 1 200 000 €, alors que l'administration fiscale considère qu'elle vaut 1 453 255 €. Cette réévaluation par l'administration fiscale fait passer le patrimoine des époux Macron mécaniquement au-dessus du seuil d'imposition à l'impôt de solidarité sur la fortune (ISF), entraînant un retard d'impôt de 4 174 € pour 2013 et de 2 264 € pour 2014. Il s'observe que la culture fiscale chez le président Français se pose, alors il devient donc un président qui demande aux Français des sacrifices fiscaux, alors que lui-même ne fait pas de sacrifices pour l'Etat.

Emmanuel Macron échappe à un redressement fiscal au moyen d'une déclaration rectificative conforme à l'évaluation que le fisc a retenue, « après un an et demi de discussions » selon Mediapart. Invoquant son état de ministre, il nie toutefois publiquement que cette évaluation reflète la réalité, déclarant à L'Express le 13 juin 2016 : « Si j'avais été un citoyen normal, j'aurais discuté. Mais il n'était pas sain que, ministre à Bercy, je m'engage dans une discussion, même si je n'ai pas l'administration fiscale sous mon autorité. ».

Par ailleurs, le Canard enchaîné révèle également que Macron n'a réévalué son appartement du XVe arrondissement de Paris que de 5 % entre 2007 et 2013, alors que l'indice des prix dans cet arrondissement a augmenté de 33 % sur la même période. L'intéressé déclare à ce sujet : « J'ai acheté cher ». Le 14 février 2017, Paul Mumbach, candidat des Maires en colère, Jean-Philippe Allenbach, président du Mouvement Franche-Comté et Serge Grass, président de l'Union civique des contribuables citoyens (U3C), demandent à la Haute autorité pour la transparence de la vie publique (HATVP) de diligenter une enquête concernant les déclarations financières et patrimoniale d'Emmanuel Macron, s'étonnant que les revenus d'Emmanuel Macron n'aient pas été entièrement déclarés. Ils déclarent notamment qu' « Il [leur] paraît surprenant que M. Macron ayant perçu plus de 3 000 000 € de revenu entre 2010 et 2013 sa fortune nette déclarée le 24 octobre 2014, lors de son arrivée au gouvernement, n'ait été que de 156 000 €, pour ensuite n'être plus que de 63 048 € quand il en est parti (cf. sa déclaration du 28/10/2016). » Sans réponse, ils saisissent le Parquet national financier le 4 mars 2017. » cette situation montre l'ambigüité fiscale, l'image fiscale du Président semble faire la totalité de son ambigüité, ce qui traduit la conduite de vouloir chercher à faire une concession pour lui, exiger plus aux citoyens, il devint être model et donner l'assurance aux Français.

Indépendamment de ce premier épisode, le journal La Croix publie le 12 mars 2017 un entretien avec Emmanuel Macron durant lequel il est questionné sur le décalage apparent entre ses très hauts revenus chez Rothschild et une déclaration de « patrimoine financier limité à 200 000 euros ». Au vu des réponses données, l'association Anticor, engagée depuis 2002 dans la défense l'éthique en politique, saisit le 13 mars 2017 la Haute Autorité pour la transparence de la vie publique (HATVP), lui demandant de vérifier le caractère « exhaustif, exact et sincère » de la déclaration du candidat à la présidentielle. Elle s'interroge en effet sur un « manque de cohérence entre les revenus et le patrimoine déclarés » d'Emmanuel Macron. Les données, reprises largement dans la presse, sont qu'Emmanuel Macron a déclaré 3,3 millions d'euros de revenus entre 2009 et 2014, dont 2,8 millions d'euros perçus entre 2009 et 2012 comme banquier d'affaires à la Banque Rothschild, et un patrimoine net (patrimoine brut réduit des dettes) de seulement 200 000 euros dans sa déclaration officielle de patrimoine en novembre 2014.

Sa déclaration de situation patrimoniale au 16 mars 2017 ne fait apparaître aucun bien immobilier que ce soient des biens propres, des biens de la communauté (son régime matrimonial étant la communauté légale) ou des biens indivis. Ne possédant aucun bien immobilier depuis qu'il a revendu son appartement parisien, Emmanuel Macron déclare avoir encore à rembourser près de 246 000 € au titre d'un emprunt pour financer des travaux dans la résidence secondaire de son épouse Brigitte au Touquet. Le 27 mars 2017, la Haute Autorité pour la transparence de la vie publique répond à Anticor, après investigations, que cette déclaration de patrimoine paraît exhaustive et sincère. Anticor n'envisage alors pas de recours.

Le 13 mars 2017, le parquet de Paris ouvre une enquête préliminaire sur des soupçons de « favoritisme, complicité et recel de favoritisme » à l'encontre de Business France, organisme de promotion dépendant du ministère de l'Économie. Cette enquête, confiée à l'Office central de lutte contre la corruption et les infractions financières et fiscales (OCLCIFF), fait suite à un rapport de l'Inspection générale des finances qui soupçonne des irrégularités lors d'un déplacement d'Emmanuel Macron, alors ministre de l'Économie, au Consumer Electronics Show (CES) de Las Vegas en janvier 2016. L'organisation du déplacement, décidé en urgence par Emmanuel Macron, est confiée sans appel d'offres à Havas par Business France. Selon Le Canard enchaîné, qui révèle l'affaire, le coût de la soirée atteint 381 759 euros. Emmanuel Macron y est ovationné par plus de 500 personnalités et dirigeants de startups françaises.

Cependant, pour le ministre de l'Économie et des Finances Michel Sapin, Emmanuel Macron, son cabinet et le ministère de l'Économie « sont totalement hors de cause ». « C'est un dysfonctionnement de Business France. Il lui appartenait, si elle considérait que les délais étaient trop courts, de dire qu'elle ne pouvait pas organiser l'événement selon les règles, ce qui n'a pas été fait », ajoute-t-il, précisant avoir « naturellement missionné l'IGF » lorsqu'il est « informé de ces dysfonctionnements ». « Si l'inspection concluait à l'existence d'un non-respect des règles, elle devrait saisir la justice mais cette saisine ne concerne en aucun cas Emmanuel Macron, son cabinet ou le ministère », insiste-t-il.

Conclusion

On peut que faire une politique dans une mobilisation de sa stratégie de son être, la capacité de faire sa stratégie, la route camoufle sa personnalité jusqu'à la disparition de son école politique. Alors, il fait partie de sa stratégie pour atteindre son objectif, plusieurs personnes montrent une image pour un objet. Alors que les politiques parlent de la bouche, les cœurs sont des coffres, les actes traduisent autres que la bouche.

Tout d'abord, le développement capitaliste implique une condition préliminaire, à savoir que l'État favorise un cadre général socio-politique et juridique stimulant les rapports de marché. L'investissement se trouve encouragé si son environnement est bien celui de la défense de la propriété et de la prévision ; à son tour, cette situation implique la stabilité politique et un minimum d'harmonie sociale. Sans de telles conditions, les investisseurs ne peuvent pas escompter de bénéfices fums pour un investissement présent. Un code juridique qui protège les droits des propriétaires et qui puisse être respecté officiellement (et dont on puisse prévoir les effets) est un autre impératif. Un tel code doit évidemment susciter et protéger un marché national et unifié, en limitant ou éliminant les pouvoirs de taxation des autorités locales. II doit aussi être capable d'encourager un système d'imposition stable et rationnel, favorable à l'investissement. La protection de la propriété privée est également vitale : contrôle des revendications des employés, abolition du droit foncier traditionnel, garantie de l'inviolabilité des contrats et d'une compensation intégrale en cas de nationalisation.

Table des matières